MI BIBLIA

DATOS SOBRE MI BIBLIA

El Antiguo Testamento comienza en la página

El Nuevo Testamento comienza en la página

Juan 3:16 está en la página

Algunos de mis versículos favoritos son:

_____

_____

Número de versículos que he leído esta semana:

DÍA 1

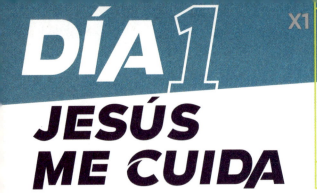

JESÚS ME CUIDA

La oveja perdida *(Lucas 15:1-7)*

Muchos recolectores de impuestos y pecadores se acercaban para escuchar a Jesús. Esto enfureció a los líderes judíos. Entonces Jesús les contó la parábola que hablaba de un pastor que tenía 100 ovejas, pero salió a buscar a una que se le había perdido. Cuando el pastor encontró su oveja perdida se regocijó. Jesús contó esta historia para ayudar a los líderes a comprender que a Él le importan todas las personas.

 #1 Jesús se interesa por todos.

CONSEJO DEL ENTRENADOR

 Escribe los nombres de 5 libros de la Biblia en tarjetas separadas. Saca una tarjeta y averigua con qué rapidez puedes encontrar ese libro en la Biblia. ¡Tienes que practicar!

GRANDES o PEQUEÑOS

¿Te enfrentas a problemas grandes y pequeños? Escribe una lista de algunos de ellos en esta página.

_____
_____
_____
_____
_____
_____
_____

La mayoría de las pelotas de fútbol "sóccer", comunes y profesionales, tienen 32 pequeños paneles acolchados.

DÍA 2
JESÚS ME DA ESPERANZA

La resurrección de Lázaro *(Juan 11:1-44)*

Un día Lázaro, amigo de Jesús, cayó enfermo. Sus hermanas mandaron buscar a Jesús para que viniera y lo sanara. Jesús esperó dos días antes de partir. Él les dijo a sus discípulos que la enfermedad de Lázaro no terminaría en muerte, sino que glorificaría a Dios. El día que partieron, Jesús les dijo que Lázaro había muerto. Los discípulos quedaron confundidos. Jesús fue a la tumba de Lázaro. Allí oró, y llamó a Lázaro pidiéndole que saliera. ¡Lázaro salió vivo de la tumba! Todos pudieron ver el poder de Dios sobre la muerte.

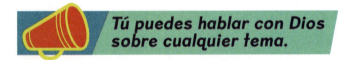

Tú puedes hablar con Dios sobre cualquier tema.

CONSEJO DEL ENTRENADOR

Escribe un versículo sobre una notita adhesiva. Luego pégala en tu espejo. Repite el versículo 3 veces por día.

DA ÁNIMO

- La esperanza viene de Dios.
- Salmo 42:5
- Salmo 31:24
- Pon tu esperanza en Dios y ¡sé valiente!
- Dios nos da esperanza; podemos alabarlo.
- Salmo 62:5

Conecta la cita del megáfono con el versículo correspondiente.

DÍA 3
JESÚS ME AYUDA A CREER

Tomás creyó *(Juan 20:19-31)*

Después de la resurrección de Jesús, Él apareció ante sus discípulos en un lugar a puertas cerradas, pero Tomás no estaba allí. Los otros discípulos le dijeron a Tomás que habían visto a Jesús. Tomás respondió que hasta que no lo viera con sus propios ojos y metiera sus dedos en el lugar de los clavos en las manos de Jesús, no lo creería. Ocho días más tarde, Jesús apareció ante sus discípulos otra vez. Él invitó a Tomás a que lo tocara, y Tomás creyó.

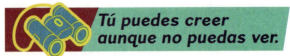

Tú puedes creer aunque no puedas ver.

CONSEJO DEL ENTRENADOR

Busca Juan 20 en tu Biblia. ¿Cuántas personas en este capítulo vieron a Jesús vivo después de su resurrección? Lee una parte favorita de este capítulo usando tu mejor voz de presentador o locutor deportivo.

JUGADA DOBLE

Descifra cada frase para descubrir algunos hechos verdaderos sobre Jesús. Busca en la Biblia el pasaje para leer qué pasó. ¡Tú puedes creerlo!

JESÚS...

LÉ VEIV (Mateo 28:6)

☐☐ ☐☐☐☐☐
       2

NÓAS A SOL MENREFOS (Marcos 1:41-42)

☐☐☐☐ ☐ ☐☐☐ ☐☐☐☐☐☐☐☐
 7   11   10 1

Y VILEDÓVO AL TIVAS A NU GOCIE (Juan 9:7)

☐ ☐☐☐☐☐☐☐☐☐ ☐☐ ☐☐☐☐☐☐
4 6   8

☐ ☐☐ ☐☐☐☐ ☐☐☐☐
3 5   9   12

Resuelve la frase escribiendo las letras numeradas a los espacios correspondientes.

JESÚS ☐☐ ☐☐☐☐☐ ☐ ☐☐☐☐☐
          1 2 3 4 5 6 7 8 9 10 11 12 10

En la página 16 encontrarás las respuestas.

PREPÁRATE PARA EL GRAN JUEGO DE LA VIDA
2 PEDRO 1:3

DÍA 4

JESÚS ME AMA

Juan escribió sobre Jesús
(Juan 13:1-35; 19:25-27; 20:1-10; 21:1-14)

Juan era uno de los discípulos de Jesús. Juan escribió todo lo que él había visto. Él estuvo allí durante la última cena, cuando Jesús nos dijo que debíamos amarnos unos a otros. Él estuvo allí junto a la cruz, cuando Jesús murió. Él fue el primer discípulo en llegar a la tumba vacía después de la resurrección, y él compartió el desayuno en la costa con el Cristo resucitado. Juan escribió todas estas cosas para que pudiéramos conocer mejor a Jesús y su increíble amor por nosotros.

Jesús me ama y me ayuda a amar a otros.

CONSEJO DEL ENTRENADOR

Escribe cada palabra de un versículo en notitas autoadhesivas separadas y pégalas sobre la pared. Repite el versículo, quita una notita y vuelve a decirlo. Continúa hasta que puedas recitarlo de memoria.

RESEÑA INFORMATIVA

Sanó al hijo de un hombre rico	Juan ___:___
Sanó a un paralítico	Juan ___:___
Enseñó con autoridad	Juan ___:___
Devolvió la vista a un ciego	Juan ___:___
Lavó los pies de sus discípulos	Juan ___:___
Murió en la cruz	Juan ___:___
Resucitó de entre los muertos	Juan ___:___

BANCO DE DATOS

4:53-54   7:14-15   13:3-14   20:11-16
5:8-9   9:1-7   19:16-18

DÍA 5
JESÚS ME DA GOZO

Pablo y Silas en la cárcel *(Hechos 16:23-34)*

Pablo y Silas fueron metidos en la cárcel por hablar a otros de Jesús. Hasta tenían cadenas alrededor de sus pies. Pero en lugar de quejarse, comenzaron a orar y cantar a Dios alabanzas llenas de gozo. Cerca de la medianoche, un terremoto sacudió las puertas de la cárcel y las abrió, rompiendo también las cadenas. El carcelero tuvo miedo. Pablo y Silas le dijeron: "¡Todavía estamos aquí!" y luego le hablaron de Jesús. ¡El carcelero y su familia creyeron en Jesús y se llenaron de gozo también!

GOZO — *Tú puedes estar gozoso sin importar lo que pase.*

CONSEJO DEL ENTRENADOR

Piensa en un versículo que quieras memorizar y luego cántalo usando una música conocida. ¡O puedes inventar tu propia melodía!

ESTUDIA LA BIBLIA

¡PREPÁRATE!
¡Trae tu Biblia y un lápiz!

¡LISTO!
Busca un versículo. Escribe una nota para ti, diciendo cómo te puede ayudar este versículo. Dibuja una ⭐ junto a tus versículos favoritos.

¡A JUGAR!
Elige un versículo para memorizar y usa uno de los consejos de entrenamiento para que se convierta en parte de cada día. *(Asegúrate de agregar otros versículos que puedas encontrar).*

- **Salmo 56:3**
- **Filipenses 4:6-7**
- **Santiago 1:5**
- **1 Pedro 5:7**
- **Santiago 1:19-20**
- **Salmo 37:8**
- **Deuteronomio 31:6**
- **Isaías 41:13**
- **1 Tesalonicenses 5:16-18**
- **Juan 14:27**

EBV 2018
AUTÓGRAFOS
(¡No te olvides de orar por estas personas!)

Respuestas a "Jugada doble" (Página 7):
ÉL VIVE; SANÓ A LOS ENFERMOS; Y DEVOLVIÓ LA VISTA A UN CIEGO; ME AYUDA A CREER.